Mona Cottage

A dog begins life as a little puppy.

Un chien débute sa vie comme petit chiot.

DOGS
CHIENS

A dual language book
Un livre bilingue

Selby Gunter

ISBN 9789083201115

First Edition, 2021

Written by Selby Gunter. Translated into French by Robyn Bligh. Cover and interior design by Natalia Junqueira. Photo credits. Cover image by Capuski Images. Interior images- iStock.com/Dageldog, photosbyjim, 101cats, SolStock, chris-mueller, Ирина Мещерякова, cynoclub, Kanashi, FatCamera. Unsplash.com/Nathalie SPEHNER, Ayla Verschueren, Terricks Noah, R.D. Smith, Alicia Jones, Stephen Andrews, Reiseuhu, Marek Szturc, Fuu J, Darinka Kievskaya, Autri Taheri, Elisa Kennemer, Torsten Dederichs, Karolina Wv, Valerie Elash, Mark Timberlake, Agatha, Kajetan Sumila, Jordan Bigelow, photosbyjim, SolStock, Eric Ward

Mona Cottage Publishing

Haarlem, Netherlands

www.monacottage.com

Contact publisher for wholesale orders.

Printed on demand. Country of print may vary.

Puppies are playful and curious.

Les chiots sont joueurs et curieux.

Dogs are popular pets.
Do you have a dog?

Les chiens sont des animaux de compagnie populaires. As-tu un chien?

A dog can be loving and loyal.

Un chien peut être aimant et fidèle.

They can also be very silly or destructive.

Parfois, ils sont aussi gaffeurs ou destructeurs.

VENEZUELA
COLOMBIA
BRAZIL
BOLIVIA
PERU
ARGENTINA
TRINIDAD AND TOBAGO

Dogs live all over the world.

Il y a des chiens dans le monde entier.

A dog could live near a temple in Jordan.

Un chien peut vivre près d'un temple, en Jordanie.

Or in a large city like Paris, France.

Ou dans une grande ville comme
Paris, en France.

Dogs can also live in places that
are very cold with lots snow.

Les chiens peuvent aussi vivre
dans des endroits très froids, avec
beaucoup de neige.

Or hot and dry with sand.

Ou dans des lieux chauds et secs
avec du sable.

Dogs are omnivores, which means they eat both meat and plants.

Les chiens sont omnivores, ce qui signifie qu'ils mangent de la viande et des plantes.

Dogs love to play. And they often get dirty when playing.

Les chiens adorent jouer. Et souvent, ils se salissent en jouant.

When dogs get dirty they can have a bath.

Lorsque les chiens sont sales, on peut leur donner un bain.

Most dogs love water.

La plupart des chiens aiment l'eau.

They like to swim and jump in the waves.

Ils aiment nager et sauter dans les vagues.

Dogs come in many colors.

On trouve des chiens de toutes les couleurs.

They can also be different sizes.

Et de toutes les tailles.

Some dogs are huge.

Certains chiens sont immenses.

Other dogs are tiny.

D'autres chiens sont minuscules.

A dog's nose is very sensitive.
They can smell much better than
humans.

La truffe d'un chien est très
sensible. Leur odorat est bien
meilleur que celui des humains.

Some dogs have long hair called fur.

Certains chiens ont de longs cheveux qu'on appelle 'poils'.

Other dogs have short fur.

D'autres chiens ont le poil court.

SERVICE DOG

Some dogs have
important jobs.

**Certains chiens ont
des métiers
importants.**

Search dogs find people who are missing.

Les chiens pisteurs retrouvent les personnes disparues.

While sheep dogs help farmers herd sheep.

Tandis que les chiens de berger aident les fermiers à rassembler leurs moutons.

But most dogs just have one very important job. To be our companions.

Mais la plupart des chiens ont un seul métier très important. Être nos compagnons.

Check out more bilingual titles
and language combinations at:
www.monacottage.com

Share your language learning
journey with us on:
Instagram : @monacottagepublishing
Facebook : Mona Cottage Publishing

DOGS
CHIENS

English + Français

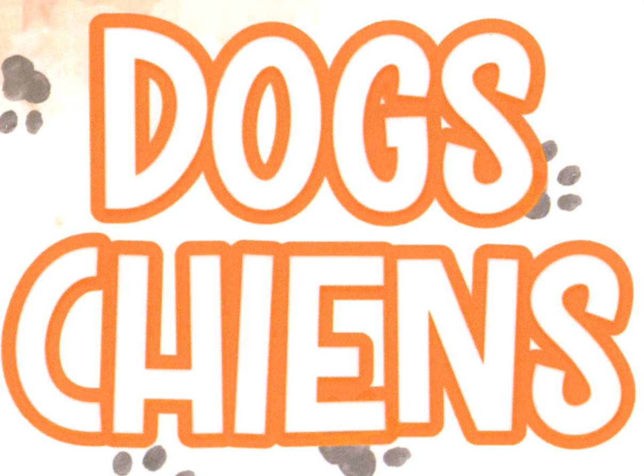

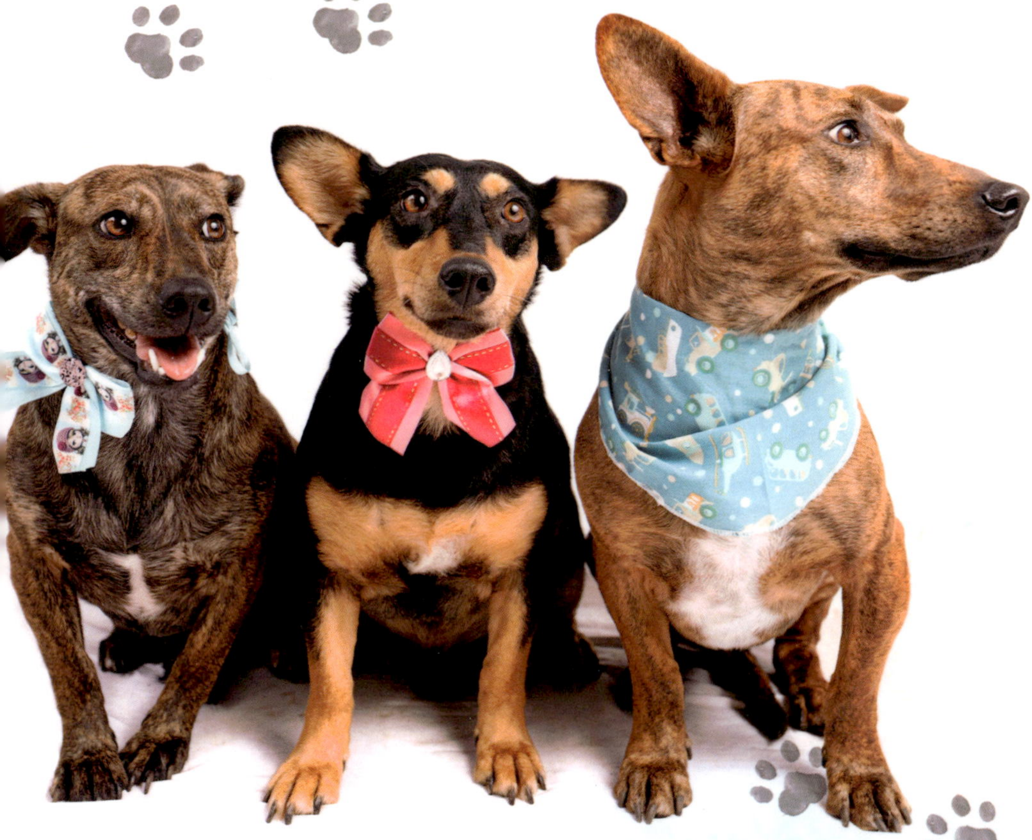

Selby Gunter

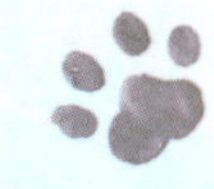

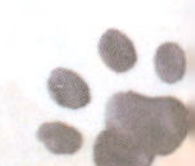